BEI GRIN MACHT SICH IHR WISSEN BEZAHLT

- Wir veröffentlichen Ihre Hausarbeit,
  Bachelor- und Masterarbeit

- Ihr eigenes eBook und Buch -
  weltweit in allen wichtigen Shops

- Verdienen Sie an jedem Verkauf

Jetzt bei www.GRIN.com hochladen und kostenlos publizieren

Bibliografische Information der Deutschen Nationalbibliothek:

Die Deutsche Bibliothek verzeichnet diese Publikation in der Deutschen National-
bibliografie; detaillierte bibliografische Daten sind im Internet über http://dnb.d-
nb.de/ abrufbar.

Impressum:

Copyright © 2016 GRIN Verlag
Druck und Bindung: Books on Demand GmbH, Norderstedt Germany
ISBN: 9783668734814

Dieses Buch bei GRIN:

https://www.grin.com/document/429481

Lion Beständig

Grundlagen des Gruppentraining, sowie Planung eines Kurses anhand eines Beispiels

Gruppentraining

GRIN Verlag

GRIN - Your knowledge has value

Der GRIN Verlag publiziert seit 1998 wissenschaftliche Arbeiten von Studenten, Hochschullehrern und anderen Akademikern als eBook und gedrucktes Buch. Die Verlagswebsite www.grin.com ist die ideale Plattform zur Veröffentlichung von Hausarbeiten, Abschlussarbeiten, wissenschaftlichen Aufsätzen, Dissertationen und Fachbüchern.

Deutsche Hochschule für

Prävention und Gesundheitsmanagement

Hermann Neuberger Sportschule 3

66123 Saarbrücken

Einsendeaufgabe

Fachmodul:	**Gruppentraining I**
Studiengang:	**Fitnessökonomie (BFÖ)**
Datum **Präsenzphase:**	**17.10.2016 – 20.10.2016**
Name, Vorname:	**Beständig, Lion**
Studienort:	**Stuttgart**
Semester:	**SS16**

Inhaltsverzeichnis

1 Lösung Aufgabe 1 – Motorische Fähigkeiten

1.1 Lösung Teilaufgabe 1.1 - Kraft

In der nachfolgenden Tabelle wird die motorische Fähigkeit Kraft definiert, ihre Erscheinungsformen erläutert und beschrieben wie man sie trainieren kann.

Tabelle 1: Motorische Fähigkeit Kraft

Definition Kraft:	Es gibt zwei verschiedene Sichtweisen, wie man die motorische Fähigkeit Kraft definieren kann, die physikalische und die sportmotorische. In der Physik ist die Kraft (F) das Produkt aus der Masse (m) mal die Beschleunigung (a) $[F = m * a]$. Aus sportmotorischer Sichtweise jedoch ist die Kraft, die Fähigkeit durch Muskeltätigkeit, einen äußeren Widerstand zu überwinden (konzentrische Arbeit), entgegenzuwirken (exzentrische Arbeit) oder zu halten (statische Arbeit).
Erscheinungsformen:	Die Trainingspraxis unterscheidet bei der motorischen Fähigkeit Kraft in drei unter Kategorien: • **Maximalkraft**, größtmöglich realisierbare Kraft, die willkürlich gegen einen Widerstand entgegenwirken ausgeübt werden kann • **Schnellkraft,** innerhalb kürzester Zeit optimal viel Kraft zu bilden bzw. einen Widerstand mit größtmöglicher Kontraktionsgeschwindigkeit zu überwinden • **Kraftausdauer,** die Ermüdungsfähigkeit bei sich wiederholenden oder lang andauernden Kraftleistungen, somit bleibt der Kraftverlust über einen bestimmten Zeitraum ziemlich gering
Übungsbeispiele:	1. Dynamisches Fersenheben im Stand zur Kräftigung der Wadenmuskulatur mit einer Wiederholungszahl von 16, wobei in einer Phrase die Ferse zweimal gehoben wird (4 Beats = 1 Wiederholung) und einer Satz Zahl von 3. Hierbei trainieren wir die Kraftausdauer! 2. Dynamische Kniebeugen im Stand zur Kräftigung der Oberschenkelmuskulatur mit einer Wiederholungszahl von 16, wobei eine Phrase zwei Wiederholungen sind (4 Beats = 1 Wiederholung) und einer Satz Zahl von 3. Hierbei wird ebenfalls die Kraftausdauer geschult!

1.2 Lösung Teilaufgabe 1.2 – Ausdauer

Für den Menschen wohl unverzichtbar ist die sportmotorische Fähigkeit, die Ausdauer, die unterstehenden Tabelle zeigt die Definition, die Untergliederung der Ausdauer und zwei Übungsbeispiele zur Trainierbarkeit.

Tabelle 2: Motorische Fähigkeit Ausdauer

Definition:	Unter Ausdauer versteht man einerseits eine physische und psychische Widerstandsfähigkeit gegen die Ermüdung (kurzfristige Leistungsminderung), d.h. die Skelettmuskulatur und das Herz-Kreislauf-System des Körpers können über einen längeren Zeitraum eine Arbeit verrichten ohne zu Ermüden! Andererseits heißt Ausdauer auch, dass sich der Organismus nach einer längeren, intensiven Belastung schneller erholen/regenerieren kann.
Untergliederung der Ausdauer:	Da die Ausdauer ziemlich breit gefächert ist unterscheidet man sie in der Energiebereitstellung in aerobe und anaerobe Ausdauer: • **Aerob**, ist die Sauerstoffabhängige Energiebereitstellung, in der mithilfe von Sauerstoff in den Mitochondrien, Kohlenhydrate und Fette verbrannt werden. Wenn man im aeroben Bereich trainiert wird nur so viel Sauerstoff verbraucht wie auch aufgenommen wird (genannt „steady-state"), somit kann man über einen längeren Zeitraum eine Belastung standhalten. • **Anaerob**, ist die Sauerstoffunabhängige Energiebreitstellung, diese greift ein wenn die Belastungsintensität zu hoch wird um den Körper nur mit aerober Energiebereitstellung zu versorgen. Das Endprodukt der anaeroben Energiebereitstellung ist die Milchsäure bzw. Laktat, was zu einer Hemmung der Prozesse innerhalb der Muskelzelle führt, wodurch die Belastung nicht lange durchgehalten werden kann! Aus gesundheitsorientierter Sichtweise ist ein Ausdauer Training überwiegend im aeroben beriech ratsam da ein überwiegendes anaerobes Training das Herz-Kreislauf-System überfordern kann!
Übungsbeispiele:	1. Ein moderater Dauerlauf im freien, flache ebene, über 60min trainiert die aerobe Ausdauer. 2. Ein 400m Sprint im freien, flache Ebene, so schnell es geht trainiert überwiegend die anaerobe Ausdauer

1.3 Lösung Teilaufgabe 1.3 – Beweglichkeit

Oft vernachlässigen wir die sehr wichtige sportmotorische Fähigkeit, die Beweglichkeit, sie ist Voraussetzung zu Entfaltung unseres vollen Potenzials, doch wie ist ihre genaue Definition, welche Einflussfaktoren spielen eine Rolle und wie trainiert man sie, dazu dient die nachfolgende Tabelle.

Tabelle 3: Motorische Fähigkeit Beweglichkeit

Definition:	Unter Beweglichkeit versteht man die willkürliche Bewegung der jeweiligen Gelenke. Die größte Beweglichkeit hat der Mensch zwischen dem 10. und 12. Lebensjahr, danach vermindert sich die Beweglichkeit wieder, weshalb ein regelmäßiges Beweglichkeitstraining im Alter unverzichtbar sein sollte!
Einflussfaktoren auf die Beweglichkeit:	In der Beweglichkeit unterscheidet man unter drei Einflussfaktoren: • **Anthropometrische Faktoren**, dazu gehören: o **Gelenkigkeit**, bezeichnet die Struktur des jeweiligen Gelenkes o **Dehnfähigkeit**, bezeichnet die Elastizität eines gelenkumgebenen Muskels, inklusive deren Sehnen und Bindegewebe o **Kraftfähigkeit**, bezeichnet die Kraft der Muskulatur um den Bewegungsradius optimal ausnutzen zu können • **Personenspezifische Faktoren**, dazu gehören: o **Alter**, spielt eine große Rolle, da wir zwischen 10 und 12 Jahren unsere Spitze der Beweglichkeit erreicht haben und mit zunehmenden Alter immer unbeweglicher werden o **Geschlecht**, Frauen haben tendenziell eine bessere Beweglichkeit als Männer, dies liegt zu einem an der Form der Gelenke, zum anderen an der verminderten Muskelmasse im Vergleich zum Manne o **Psyche**, durch psychische Faktoren kommt es häufig zu Muskelverspannungen und damit zur verminderten Beweglichkeit o **Gelenkabnutzung**, durch das schlechtere Muskelzusammenspiel resultieren Beweglichkeitsbeeinträchtigungen • **Äußere Faktoren**, dazu gehören: o **Temperatur**, die Körperkern- und Außentemperatur hat einen großen Einfluss auf die Viskosität des Bindegewebes und Gelenkschmiere wodurch die Beweglichkeit beeinträchtigt wird o **Tageszeit**, die Beweglichkeit ist meist nach dem Aufstehen am geringsten und verbessert sich im Laufe des Tages o **Ermüdungsgrad der Muskulatur**, bei einem intensiven Training kann es zu einem erhöhten Muskeltonus kommen und somit zur Beweglichkeitsbeeinträchtigung

Übungsbeispiele inklusive Dehnmethoden:	1. Dynamisches Dehnen der Wadenmuskulatur im Stand, im Ausfallschritt zeigen beide Füße parallel nach vorne und beide Fersen berühren den Boden, das hinter Bein bleibt gestreckt und das vordere ist im Kniegelenk leicht gebeugt und schiebt sich vorsichtig nach vorne. Der Oberschenkel des hinteren Beines und der Oberkörper bilden eine Linie. Die Ausgangsposition ist der Stand im Ausfallschritt 2. Statisches Dehnen der rückseitigen Oberschenkelmuskulatur im Stand, beide Beine werden leicht gebeugt und das Gesäß drückt nach unten, ein Bein wird nach vorne gesetzt und dabei ausgestreckt, das andere bleibt hinten gebeugt. Das Becken wird gekippt und der Oberkörper nach vorne gebeugt und die Position gehalten

1.4 Lösung Teilaufgabe 1.4 – Koordination

Für eine allgemeine Belastbarkeit ist die Koordination in vielen Bereichen hilfreich, sei es im Alltag, im Sport oder Beruf, die nachfolgende Tabelle zeigt die Definition, den Unterschied zwischen Intermuskuläre und Intramuskuläre Koordination und zwei Übungsbeispiele wie man sie intermuskuläre Koordination trainiert.

Tabelle 4: Motorische Fähigkeit Koordination

Definition:	Unter Koordination versteht man das Zusammenspiel von Skelettmuskulatur und Zentralnervensystem bei einem Bewegungsablauf, somit ist sie grundlegender Bestandteil bei jeglicher Art von Bewegung.
Unterschied zwischen Intermuskuläre und Intramuskuläre Koordination:	In der Koordination unterscheidet man zwischen Inter-/ und Intramuskuläre Koordination: • **Intermuskuläre Koordination**, ist das Zusammenspiel von Agonist, Antagonist und Synergisten bei einer Bewegung bzw. das Zusammenwirken der verschiedenen Muskeln innerhalb einer Bewegung. Beim Training möchte man das Zusammenspiel der verschiedenen Muskeln verbessern bzw. optimieren, damit die Leistung gesteigert werden kann, deswegen bieten sich hier komplexe Kombiübungen zur Schulung an • **Intramuskuläre Koordination,** ist das Zusammenspiel von Nerv und Muskelfasern innerhalb des Muskels bei einer Bewegung. Beim Training möchte man nerval möglichst viele Muskelfasern innerhalb eines Muskels ansteuern und kontrahieren, der trainingsreiz muss dementsprechend hoch sein
Übungsbeispiele für die Intermuskuläre Koordination:	1. Dynamische Kniebeugen um das Zusammenspiel des vierköpfigen Oberschenkel Muskels, Großer Gesäßmuskel usw. zu verbessern 2. Dynamisches Armheranziehen im Stand mit vorgebeugten Oberkörper und leicht gebeugten Kniegelenken

2 Lösung Aufgabe 2 – Externe Bedingungen einer Kurseinheit

Bevor man eine Kursstunde inhaltlich plant, sollte man sich mit den externen Bedingungen auseinandersetzten die die Kursstunde stören könnten, diese externen Bedingungen sind in der nachfolgenden Tabelle mit Beispielen aufgelistet.

Tabelle 5: Externe Bedingungen mit jeweils 2 Beispielen

Rahmenbedingungen:	Bevor man eine Kursstunde plant sollte man sich mit den Rahmenbedingungen auseinandersetzten, da sie eine große Auswirkung auf die Kursstunde haben. Dies sind mitunteranderem die **Ausstattung** und die **Räumlichkeit**. Zum Beispiel ist es hilfreich sich im Vorhinein zu erkundigen wie es um die **Ausstattung** des Kursraumes steht, denn nix ist unprofessioneller als wenn man eine Übung auf beispielsweise dem Pezzi-Ball machen möchte, aber nicht genügen verfügbar sind. Zum einen wirft das ein schlechtes Licht auf den Kursleiter/Studio und zum anderen muss man dann sehr spontan reagieren und sich eine alternative suchen. Ebenfalls ist die **Räumlichkeit** sehr wichtig, denn ein Kursraum von 10qm mit Säulen im Raum verteilt auf 10 Teilnehmer bei einer Zumba Stunde ist nicht zu empfehlen. Denn dadurch haben nicht nur die Kunden Probleme sich zu bewegen, auch der Kursleiter verliert da den Überblick.
Zielgruppe:	Nachdem man die Rahmenbedingungen geklärt hat, sollte man sich mit der Zielgruppe beschäftigen, denn je genauer die Zielgruppe definiert wird, desto leichter fällt die Planung der Kursstunde. Deshalb sollte man unter anderem das **Alter** und das **Leistungsniveau** genauer definieren. Zum Beispiel ist das **Alter** der Zielgruppe ausschlaggebend für Kursformat, Kursziel und Inhalt, denn ich sollte mit 60+ Teilnehmern keine Jumping Jacks, Burpees oder Einarmige Liegestütze machen, sondern eher dem Alter entsprechende Übungen zur Schulung der Koordination. Ebenfalls sehr wichtig ist das **Leistungsniveau** der Zielgruppe, denn ich sollte keinen Anfänger in einen Fortgeschrittenen Kurs einteilen, da so ein effektives und zielgerichtetes Training nicht möglich ist und der Kursleiter ständig korrigieren muss, was sich negativ auf die Fortgeschrittenen Teilnehmer auswirkt. Es wird eine Unter- oder Überforderung vermieden.
Zielsetzung:	Um den Inhalt bzw. Hauptteil einer Kursstunde aufzubauen benötigt man eines der wichtigsten Kriterien, die **Zielsetzung** der Stunde und natürlich richtet sich die Zielsetzung nach der Zielgruppe. Es ist wenig sinnvoll einen Fortgeschrittenen im Aerobic-Kurs nur mit Grundschritten zu versorgen. Einen Anfänger hingegen sollte ich nicht mit komplizierten Schritten überfordern. Die Ziele bestehen aus langfristigen, zum Beispiel Verbesserung der Ausdauer und kurzfristigen, zum Beispiel Erlernung einer Schrittfolge für die nächste Stunde, diese tragen positiv zur Motivation der Kunden bei!

3 Lösung Aufgabe 3 – Kursplananalyse

Fitness und Gesundheitsforum **www.Forum-Neuenbuerg.de**

Montag	Dienstag	Mittwoch	Donnerstag	Freitag	Samstag	Sonntag
9.30 - 10.30 Step-Classic A	9.00 - 10.00 Zumba A	9.00 - 10.00 RückenFit A	9.30 - 10.30 Bodytoning A		9.15 - 10.30 Good Morning Yoga A	10.00 - 11.00 wechselnde Instruktoren A - M
10.30 - 11.15 BBP A	9.30 - 11.00 Nordic-Walking Outdoor A	10.00 - 11.30 Yoga dynamisch & frei A - M	10.30 - 11.00 Stretching A	9.00 - 10.00 Body & Brain Gehirnfitness A	10.30 - 11.30 Hot Iron II M	11.00 - 12.00 wechselnde Instruktoren A - M
11.15 - 12.00 Evergreen 50+ A	10.00 - 11.00 PRO AKTIV Gesundheits- und Rehasport e.V.		11.00 - 12.00 PRO AKTIV Gesundheits- und Rehasport e.V.	10.00 - 11.00 PRO AKTIV Gesundheits- und Rehasport e.V.	11.30 - 12.30 BAX-Body Art Extreme A - M	Sonntagskurse siehe Aushang Aerobic-Wand!
	11.00 - 12.00 PRO AKTIV Gesundheits- und Rehasport e.V.					
	17.00 - 18.00 Kids - Taekwondo Hans Bambach 6.Dan		15.00 - 16.00 PRO AKTIV Gesundheits- und Rehasport e.V.	16.00 - 17.00 PRO AKTIV Gesundheits- und Rehasport e.V.	A = Alle	
17.30 - 18.30 Functional BBP A - M	18.00 - 18.45 Pilates & Faszienworkout A	17.30 - 18.30 RückenFit A	16.00 - 18.00 Taekwondo Kids, Jugendliche & Erwachsene Hans Bambach 6.Dan	17.00 - 18.00 PRO AKTIV Gesundheits- und Rehasport e.V.	M = Mittelstufe	
18.30 - 19.30 Zumba A - M	18.45 - 19.45 Deep Work™ A	18.30 - 19.30 Iron Cross M	18.00 - 19.00 Functional-Training A - M	18.00 - 18.30 Body-Express A - M	☐ = Externer Kurs	
19.30 - 20.30 Antara A - M	19.45 - 20.30 Functional-Training A - M	19.30 - 21.00 Vinyasa Flow Yoga A - M	19.00 - 20.00 Muscle Pump A - M	18.30 - 19.30 Zumba A - M	☐ = neuer Kurs	

www.facebook.com/FitnessForumNeuenbuerg   0 70 82 / 94 11 44   **Kursplan Stand Oktober 2016**

Abbildung 1: Aktueller Kursplan des Fitness Forums Neuenbürg (Fitness- und Gesundheitsforum, 2016)

In der Abbildung 1 wird der Kursplan meines aktuellen Ausbildungsbetriebes Fitness und Gesundheitsforum Neuenbürg dargestellt.

Das Fitness Forum besitzt einen Kursraum ausgestattet mit einem surround System, Bodenmatten, Kurz- sowie Langhanteln, Pezzi Bälle und 2 Boxsäcke.

Das Kursplankonzept lässt sich dabei aus drei verschiedenen Sichtweisen beurteilen, aus wirtschaftlicher-, organisatorischer und trainingswissenschaftlicher.

In der folgenden Tabelle werden die Sichtweisen analysiert/beurteilt und insbesondere auf folgende Punkte eingegangen:

1. Auslastung des Kursraumes
2. Auslastung der Kurse
3. Räumliche Voraussetzung
4. Wochenendprogramm
5. Studiospezifische Zeiten
6. Trainingsspezifische Aspekte

Tabelle 6: Analyse des Kursplans des Fitness Forums Neuenbürg

	Gelungene Umsetzung	Verbesserungsvorschläge
Aus wirtschaftlicher Sichtweise		
Auslastung des Kursraumes:	Das vielfältige Kursprogramm ist gut gelungen, so gibt es ein spezielles Vormittagsprogramm für unsere Senioren. Der oft ruhige Nachmittag hingegen wird genutzt um mit dem ProAktiv Verband zu kooperieren und somit Reha Sport anzubieten. Ebenfalls gibt es eine Kooperation mit einer Kampfschule (Taekwondo) zweimal die Woche.	Die Auslastung an manchen Tagen ist leider nicht ganz perfekt, so hat man zum Beispiel am Montag und Mittwoch ebenfalls noch die Möglichkeit den Kursraum zu vermieten, da dieser in der Mittagszeit komplett leer steht. Auch am Wochenende ist ab 12 Uhr der Kursraum leer, diese Tage könnte man für Seminare/Vorträge einplanen
Auslastung der Kurse:	Per Liste wird von jedem Kursleiter festgehalten wie viele Teilnehmer pro Kurs anwesend waren. Es gibt eine Mindes Anwesenheit von 5 Personen pro Kurs.	Es wird nicht festgehalten wie viele neue Kursteilnehmer anwesend waren, dies könnte man zusätzlich auf der Liste vermerken. Auch die Statistiken über die anwesenden Teilnehmer werden nicht ausgewertet, der Kursplan wird nach subjektiven Empfinden verändert. Eine Auswertung wäre jedoch empfehlenswert, da dadurch klar rausgeht in welchem Kurs eine Überkapazität herrscht.
Aus organisatorischer Sichtweise		
Räumliche Voraussetzung:	Der ca. 70qm große Kursraum (7m auf 10m) ermöglicht je nach benötigtem Equipment eine Teilnehmerzahl von 15-30 Personen. Der eingebaute Schwingboden sorgt für einen High-Impact und die Spiegelfronten an den Seiten und vorne sorgen dafür das auch schwierige Schrittfolgen auszuführen sind. Die oben bereits genannte Ausstattung sorgt für eine gute Räumliche Voraussetzung.	Im Kursraum sind keine Klimaanlagen vorhanden, was vor allem in den Sommermonaten für viel Frust bei den Mitgliedern sorgt, ebenfalls sind keine Lüftungspausen eingeplant. Dies könnte man natürlich leicht lösen indem man zwischen zum Beispiel Kursen wie Zumba® und Antara am Montagabend eine 10-minütige Lüftungspause einplant.
Studiospezifische Zeiten:	Der Kursplan ist gut an den Öffnungszeiten (6-22 Uhr und Wochenende 9-18 Uhr) des Studios angepasst und bietet gerade zu den Stoßzeiten attraktive Kurse für Mann und Frau an, was zu einer Senkung der Kunden auf der Gerätefläche führt.	Direkt aufeinanderfolgende Kurse, sollten mit einem zeitlichen Abstand von ca. 10 Minuten eingeplant werden, damit es zu keinen Überschneidungen kommt und wie bereits oben erwähnt genug Zeit ist zu lüften.
Wochenendprogramm:	Auch am Wochenende werden Kurse angeboten, am Sonntag wechseln die Kurse sogar wöchentlich, sodass der Kunde eine gute Abwechslung hat.	Der Kursraum ist nur in den Vormittagszeiten ausgelastet, den Rest des Tages steht er leer, dies könnte man für verschieden Workshops, Vorträge oder Seminare nutzen.

	Aus trainingswissenschaftlicher Sichtweise	
Trainingsspezifi-sche Aspekte:	Durch eine Unterteilung in Anfänger und fortgeschrittenen Kurse (in A und A-M) wird ein größtmöglicher Erfolg und Aufrechterhaltung der Motivation gewährleistet. Ebenfalls wurden die Kurse, je nach Inhalt und Ziel auf 30-90 Minuten beschränkt.	Leider wird im Kursplan nicht darauf Rücksicht genommen, dass die Kurse so inhaltlich aufeinander abgestimmt sind, dass Teilnehmer auch mehrere aufeinanderfolgende Kurse besuchen können, zum Beispiel folgt am Samstag auf ein Yoga Kurs (indem sich statisch gedehnt wird) ein Hot Iron (Langhantel) Kurs. Und wie auch schon öfters oben erwähnt sind keine Pausen eingeplant, wodurch ein permanentes Überziehen der Kurse vermieden wird.

4 Lösung Aufgabe 4 – Planung einer Wirbelsäulengymnastik

4.1 Zielgruppe

Die folgende Tabelle zeigt die Zielgruppe die für die Wirbelsäulengymnastik angesprochen wird.

Tabelle 7: Zielgruppe Wirbelsäulengymnastik

Gruppengröße:	max. 10 Teilnehmer, da es sonst für den Kursleiter zu schwierig wird auf jeden einzugehen.
Geschlecht:	Gemischt, sowohl männlich als auch weiblich
Alter:	Zwischen 20 – 50 Jahren
Leistungslevel/Niveau:	Einsteiger/Anfänger

4.2 Material

Die benötigten Materialien für eine 45-minütige Wirbelsäulengymnastik:

- Gymnastikmatten
- Workout-Musik 100bpm
- Handtücher

4.3 Stundenplanung

Wie die 45-minütige Wirbelsäulengymnastik aufgebaut ist wird mithilfe der untenstehenden Tabelle näher erläutert.

Tabelle 8: 45-minütige Wirbelsäulengymnastik

Einleitung (ca.2 Minuten, ohne Musik)			
<ul><li>Begrüßung</li><li>Wenn Neukunden anwesend sind, persönlich Vorstellen</li><li>Heutiges Stundenziel erläutern</li><li>Allgemeine Trainingshinweise zur Ausführung geben</li><li>Kurze Einweisung möglicher Neukunden</li><li>Motivierende Worte</li><li>Aufstellung erklären (Blockform auf Lücke) und Gymnastikmatte vor der Person platzieren</li></ul>			
Allgemeines Warm-up für WSG (Wirbelsäulengymnastik) (ca. 4-5 Minuten/Musik 100bpm)			
Ziel: mentale Einstimmung, Herz-Kreislauf-System wird Vorbereitet, Körperkerntemperatur wird licht erhöht, Mobilisation			
Ziel der Übung:	**Übungsbezeichnung/ Name der Übung:**	**Übungsbeschreibung:**	**Belastungsgefüge:**	**Hinweise/Anmerkungen:**
Mentale Einstimmung/ Köperwahrnehmung	In Kurs ankommen	<ul><li>Stabiler Hüftbreiter Stand</li><li>Beim Einatmen Arme nach oben, beim Ausatmen Arme nach unten und leicht in die Knie</li></ul>	32 Sekunden	<ul><li>Aufstellungsform ist hier die Blockform (auf Lücke)</li><li>Tief Ein-und Ausatmen</li><li>Große und langsame Bewegungen</li></ul>
Mentale Einstimmung	Strecken	<ul><li>Stabiler Hüftbreiter Stand</li><li>Arme abwechselnd nach oben ausstrecken</li></ul>	32 Sekunden	<ul><li>Körperwahrnehmen</li><li>Arme jedes Mal ein bisschen weiter nach oben ausstrecken</li><li>Auf korrekte Bewegungsausführung achten</li></ul>
Mobilisation Nacken Bereich	Kopf bewegen	<ul><li>Stabiler Hüftbreiter Stand</li><li>Kopf langsam abwechselnd nach vorne und hinten drücken</li></ul>	32 Sekunden	<ul><li>Langsame und große Bewegungen</li><li>Beim nach hinten gehen quasi ein Doppelkinn machen</li><li>Auf korrekte Bewegungsausführung achten</li></ul>

Ziel der Übung:	Übungsbezeichnung/ Name der Übung:	Übungsbeschreibung:	Belastungsgefüge:	Hinweise/Anmerkungen:
Mobilisation Schultergelenk	Schulterkreisen	Stabiler Hüftbreiter Stand • Schultern abwechselnd nach außen kreisen (außenrotation), Arme liegen am Körper an	32 Sekunden	• Von kleinen langsamen Bewegungen zu großen langsamen Bewegungen • Auf korrekte Bewegungsausführung achten
Vorbereitung zum Marschieren	Ferse wippen	Hüftbreiter Stand • Ferse abwechseln nach oben drücken, die Arme schwingen entgegengesetzt mit	32 Sekunden	• Linke Ferse, rechter Arm
Erhöhung Körpertemperatur/ HKS	Marschieren	• Auf der Stelle marschieren, Arme schwingen mit	32 Sekunden	• Linkes Bein, rechter Arm
Erhöhung Körpertemperatur/ HKS	Side to Side rechts/links	• Gewichtsverlagerung im Grätschstand • Arme schwingen locker mit	32 Sekunden	• Schritt wird eingeführt
Erhöhung Körpertemperatur/ HKS	Leg Curl rechts/links	• Gewichtsverlagerung im Seitstand • Abwechselnd die Ferse zum Gesäß ziehen, Oberkörper geht leicht mit der Bewegung	32 Sekunden	• Schritt vom Side to Side bleibt • Beinbewegung ändert sich • Armbewegung bleibt

Spezielles Warm-up (ca. 4-5 Minuten/Musik 100bpm)
Ziel: Mobilisation, Vorbereitung der im Hauptteil geforderten Muskelgruppen

Ziel der Übung:	Übungsbezeichnung/ Name der Übung:	Übungsbeschreibung:	Belastungsgefüge:	Hinweise/Anmerkungen:
Mobilisation Wirbelsäule	Ausfallschritt mit Wirbelsäule einrollen	• Beine versetzt im Ausfallschritt, rechtes Bein hinten, Ferse Tief • Langer rücken nach vorne gebeugt, vorne Wirbelsäule einrollen und ausrollen	64 Sekunden	• Keine Bewegung in den Beinen • Wirbel für Wirbel ein- und ausrollen • Auf korrekte Bewegungsausführung achten • Nach 32 Sekunden Bein Wechsel und wiederholen
Dynamisches Dehnen Nackenmuskultur	Dehnung Nackenmuskulatur im Stand	• Beine versetzt im Ausfallschritt, rechtes Bein hinten, Ferse Tief • Oberkörper aufrecht, Kopf auf linke Schulter ablegen (Blick nach vorne), rechte Schulter wird aktiv nach unten gezogen und wieder angehoben	64 Sekunden	• Beinposition wird beibehalten • Nach 32 Sekunden Bein Wechsel, Kopf auf rechte Schulter, linke Schulter wird aktiv runtergezogen und wieder angehoben

Übergang vom Stand auf den Boden /Gymnastikmatte (ca.32 Sekunden)				
Dynamisches Dehnen Rückenstrecker	„Katzenbuckel"	• Vierfüßlerstand einnehmen • Hände sollten unterhalb des Schultergelenkes liegen • Knie unterhalb vom Becken • Wirbelsäule nach oben wölben • Wirbelsäule nach unten hin strecken	64 Sekunden	• Rückengerecht in den Vierfüßlerstand (zuerst ein Knie dann das andere) • Bauchmuskulatur wird bei Wölbung aktiv angespannt • Beim Übergang in die Streckung Bauchmuskulatur etwas lösen • Bei vollkommender Streckung Bauchmuskulatur wieder anspannen
Dynamisches Dehnen seitlicher Rumpfmuskulatur	„Dreh-Dehn-Lagerung"	• In Rückenlage werden die Knie angewinkelt • Arme liegen 90° vom Körper am Boden • Beine werden nach rechts auf den Boden abgelegt, der linke Arm wird vom Boden angehoben und wieder abgesenkt	64 Sekunden	• Rückengerecht vom Vierfüßlerstand in Rückenlage • Schultergürtel liegt immer auf dem Boden auf • Nach 32 Sekunden Seitenwechsel, Beine nach links ablegen und rechten Arm anheben/senken

Hauptteil (ca. 27 Minuten/Musik 100bpm)
Ziel: Stärkung der Rumpfmuskulatur

Ziel der Übung:	Übungsbezeichnung/ Name der Übung:	Übungsbeschreibung:	Belastungsgefüge:	Hinweise/Anmerkungen:
Block Boden				
Kräftigung der rückseitigen Rumpfmuskulatur	Rumpfheber	• Mit Bauch flach auf der Matte • Ellenbogengelenk 90° anwinkeln und neben den Körper ablegen • Oberkörper leicht vom Boden abheben und wieder senken	64 Sekunden	• Wir bleiben vom Warm-up auf dem Boden • Rückengerecht in Bauchlage • Powerhouse (Bauch, Po, Beckenboden) anspannen • Verlängerung der Wirbelsäule bleibt
Kräftigung der rückseitigen Rumpfmuskulatur	Butterfly reverse	• Bauchlage • Die Arme formen ein U neben dem Kopf	64 Sekunden	• Position wird aus vorheriger Übung beibehalten • Powerhouse anspannen • Blickrichtung auf Matte

Kräftigung	Übung	Beschreibung	Zeit	Hinweise
		• Arme Richtung Decke ziehen, dabei hat der Oberkörper immer Kontakt zur Matte, Schulterblätter Richtung Wirbelsäule und wieder absenken		
Kräftigung der Gesäß- und rückseitigen Rückenmuskulatur	Arm-/Beinheben	• Arme gestreckt nach vorne auf dem Boden abgelegt, Füße ebenfalls gestreckt • Rechter Arm und linkes Bein zur Decke anheben und wieder senken, Wechsel und wiederholen	64 Sekunden	• Position wird aus vorherigen Übung beibehalten • Powerhouse anspannen • Blickrichtung auf Matte
Kräftigung der Rumpfmuskulatur	Crunch	• In Rückenlage, Beine leicht anwinkeln und Hände hinterm Kopf verschränken • Oberkörper langsam anheben bis Schulterblätter in der Luft sind und langsam wieder senken	64 Sekunden	• Rückengerecht von Bauchlage in Rückenlage • Powerhouse anspannen • Hände berühren den Kopf nur leicht, kein Zug auf Nacken • Nur die Brustwirbel lösen sich von der Matte, Lendenwirbel bleiben
Kräftigung der Rumpfmuskulatur	Tabletop	• Im Vierfüßlerstand • Zuerst rechter Arm, dann linkes Bein gleichzeitig anheben und halten • Blick zur Matte Variation: • Ellenbogen und Knie in der Körpermitte zusammenführen	64 Sekunden	• Rückengerecht von Rückenlage in Vierfüßlerstand • Nach 32 Sekunden Seitenwechsel • Hände unter Schulter, Knie unter Becken • Powerhouse anspannen
Kräftigung der Rumpfmuskulatur	Brustwirbelsäulenrotation	• Im Vierfüßlerstand • Rechter Arm zur Seite und nach hinten anheben • Daumen zeigt zur Decke bzw. nach hinten • Kopf und Brustwirbelsäule rotieren mit Blick zur Hand • Unterkörper bleibt fixiert • Ausgangsposition Vierfüßlerstand und wiederholen	64 Sekunden	• Position wird aus vorherigen Übung beibehalten • Nach 32 Sekunden Seitenwechsel • Hände unter Schulter, Knie unter Becken • Powerhouse anspannen • Schultern ziehen tief (weg von Ohren), Nacken ist lang, Brustbein nach vorne oben angehoben

Block Boden 3x wiederholen

Übergang vom Boden in Stand (Rückengerecht) (ca.32 Sekunden)

Block A

Kräftigung der Gesäß- und rückseitigen Rückenmuskulatur	Halbe Kniebeuge	• Ausgangsposition ist der aufrechte Stand (Hüftbreit) • Becken nach hinten kippen, Oberkörper bleibt aufrecht, Hände im Nacken verschränken • Knie bis max. 90° beugen und wieder strecken	64 Sekunden	• Leichter Enten Po • Powerhouse anspannen • Hände ziehen nicht am Nacken, sondern liegen leicht auf • Statisch halten
Kräftigung der rückseitigen Rückenmuskulatur	Armheranziehen in Kniebeuge	• Beine leicht beugen (ca. 120°), Becken kippt nach hinten • Arme in einer U-Haltung neben dem Kopf gehalten und gestreckt • Ellenbogengelenk bleibt bei Streckung leicht gebeugt	64 Sekunden	• Position aus vorheriger Übung beibehalten • Dynamische Übung • Leichter Enten Po • Atmung mit Armbewegung

Block B

Kräftigung der Nackenmuskulatur	Kopfdrücken hinten	• Beine leicht gebeugt, stabiler stand • Hände verschränken im Nacken • Kopf zieht nach hinten gegen die Hände, halten und wieder lockern	64 Sekunden	• Keine ruckartigen Bewegungen • Doppelkinn machen

Wiederholung von Block A, dann

Block C

Kräftigung der Nackenmuskulatur	Kopfdrücken rechts	• Rechte Hand an der rechten Kopfseite anlegen • Kopf nach rechts drücken gegen die Handfläche, halten und wieder locken	64 Sekunden	• Keine ruckartigen Bewegungen • Blick nach vorne gerichtet

Wiederholung von Block A, dann

Block D

Kräftigung der Nackenmuskulatur	Kopfdrücken links	• Linke Hand an der rechten Kopfseite anlegen • Kopf nach links drücken gegen die Handfläche, halten und wieder locken	64 Sekunden	• Keine ruckartigen Bewegungen • Blick nach vorne gerichtet

| Schlussteil (ca. 6 Minuten/Musik 100bpm) | | | | |
| Cool Down I (ca.5 Minuten/Musik 100bpm) | | | | |
Ziel der Übung:	Übungsbezeichnung/ Name der Übung:	Übungsbeschreibung:	Belastungsgefüge:	Hinweise/Anmerkungen:
Dehnen der Rumpfmuskulatur seitlich	Seitliches dehnen der Rumpfmuskulatur im Seitgrätschstand	• Leichter Seitgrätschstand • Arme maximal vom Körper abgespreizt und über Kopf verschränkt, Brustkorb bleibt aufgerichtet • Becken gerade, Oberkörper leicht zur Seite geneigt, Arme ziehen vom Körper weg	128 Sekunden	• Statisches Dehnen (Position halten) • Nach 64 Sekunden Seitenwechsel • Blick nach vorne
Dehnung hinterer Schulterblattmuskulatur	Statisches dehnen der hinteren Schulterblattmuskulatur im Stand	• Stabiler Hüftbreiter Stand • Rechter Arm mit gebeugtem Ellenbogengelenk vom Körper abspreizen und in Schulterhöhe vor dem Körper fixieren • Hand liegt auf der anderen Schulter • Die freie Hand drückt gegen den Ellenbogen, sodass der Arm zum Körper geschoben wird	64 Sekunden	• Statisches Dehnen (Position halten) • Nach 32 Sekunden Seitenwechsel • Blick nach vorne
Dehnung der Hüftbeugemuskulatur	Statisches dehnen der Hüftbeugemuskulatur im Kniestand	• Kniestand • Rechtes Bein nach vorne abstellen, Kniegelenk ist gebeugt • Linkes Knie liegt mit kompletten Unterschenkel auf • Oberkörper aufrecht, Hände liegen auf dem vorderen Bein auf • Körperschwerpunkt wird nach vorne verlagert und Becken wird abgesenkt	128 Sekunden	• Statisches Dehnen (Position halten) • Nach 64 Sekunden Seitenwechsel • Blick nach vorne • Oberkörper bleibt dauerhaft aufrecht
Cool Down II (ca.1 Minute/Musik 100bpm)				
Ziel der Übung:	Übungsbezeichnung/ Name der Übung:	Übungsbeschreibung:	Belastungsgefüge:	Hinweise/Anmerkungen:
Muskulatur auslockern	Ausschütteln der Gliedmaßen	• Hüftbreiter Stand • Arme und Beine locker ausschütteln	32 Sekunden	• Lockeres Schütteln, nicht zu hektisch

16/18

Entspannung	Tief ein-/ausatmen	• Hüftbreiter Stand • Arme gehen hoch, es wird tief einge-atmet (durch Nase) • Arme gehen runter, es wird tief aus-geatmet (durch Mund)	32 Sekunden	• Tiefes ein-/Ausatmen
Schluss (ca.1 Minute/Musik aus)				

- Eigene Worte zum Stundenverlauf
- Teilnehmern Feedback geben
- Anregungen entgegennehmen
- Hinweis über bestimmte Aktivitäten im Studio
- Verabschiedung

4.4 Begründung

Die Übungsauswahl der Rückengymnastik ist an den Schwerpunkten der jeweiligen Phasen (Warm-up, Hauptteil, Cool Down) angepasst. Deshalb wird im Warm-up hauptsächlich Mobilisation- und dynamische Dehn Übungen ausgeführt, um die Muskulatur/Gelenke auseichend auf die bevorstehende Belastung vorzubereiten. Im Hauptteil hingegen liegt der Fokus in der Kräftigung der Rumpfmuskulatur. Das Cool Down hingegen soll den Muskel nach der Beanspruchung wieder entspannen, das HKS in Ausgangsposition bringen und den Puls senken, dies wird mit dem Statischen dehnen erreicht.

Die Reihenfolge der Übungen aller Phasen wurde so ausgewählt das die Übungen aufeinander aufbauen bzw. der Stand oder die Position beibehalten wird, um ein unnötiges auf- und abstehen zu vermeiden.

Die Übungen wurden ebenfalls so ausgewählt das sie für einen Einsteiger zu bewältigen sind, da die Stunde primär für einen Anfänger geeignet ist. Bei Unterforderung stehen bei vielen Übungen Variationsmöglichkeiten zur Verfügung, um die Übung ein bisschen schwieriger zu machen

5 Literaturverzeichnis

Der Inhalt dieser Einsendeaufgabe baut auf den aktuellen Studienbrief der DHFPG Gruppentraining 1 Stand 2016 auf.

Fitness- und Gesundheitsforum. (03. November 2016). Von http://www.forum-neuenbuerg.de/fitness-kurse/kurse.html abgerufen

6 Abbildungs- und Tabellenverzeichnis

6.1 Abbildungsverzeichnis

6.2 Tabellenverzeichnis